Pettersson und Findus™

Mein Übungsheft

für die Vorschule

KARIBU

Buchstaben und Zahlen schreiben in der Vorschule?

Ab einem bestimmten Alter schreiben Kinder gern Buchstaben und Zahlen. Dies gehört nicht zu den Fähigkeiten, die ein Kind im Vorschulbereich erlernen muss, und die Übungen in diesem Buch sollen auch keine schulischen Inhalte vorwegnehmen – dennoch sind sie ein erster Weg zum strukturierten Schreiben und kein reines Abmalen mehr. Lassen Sie immer Ihr Kind entscheiden, welche Seiten in diesem Buch es gern, welche weniger gern bearbeiten und was es vor der ersten Klasse lernen und üben möchte!

Viele Erklärungen, Beschreibungen und Beispiele findest du in den anderen beiden Vorschulbüchern von Pettersson und Findus!

Linien, Wellen und Formen zu üben, Schreibschwünge zu machen, Sachen zu sortieren und zu vergleichen, Mengen und Zahlen zu unterscheiden, sich zu konzentrieren und genau hinzusehen – diese Sachen sind wichtig für die Vorschule und die Grundschule. Mit diesem Buch kannst du genau diese Dinge üben. Auf jeder Seite erfahrt ihr in einem kleinen Kasten, was du zusammen mit deinem Lieblingskater Findus wieder Neues gelernt hast. Los geht's!

LERNZIEL
→ Zählen

Draußen vor Petterssons Haus gibt es unglaublich viel zu sehen!
Zähle die Tiere und Mucklas und male die passenden Würfelpunkte.

Hühner	Kater	Schmetterlinge	Kühe	Küken	Mucklas

LERNZIEL
→ Mengen vergleichen

Schau genau hin: **mehr** oder **weniger**?
Kreise das Bild ein, auf dem weniger Dinge sind.

LERNZIELE

- → Die Schreibrichtung
- → Der Querstrich

Pettersson will die Holzbalken neu anstreichen. Hilfst du ihm? Zeichne die **Linien** ein und male die Wand danach an.

LERNZIEL
→ Kreise

Die Mucklas haben bei Pettersson im Haus heimlich ganz viele Knöpfe gemopst! Kannst du die Knöpfe **nachzeichnen** und bunt anmalen?

LERNZIEL
→ Würfelbilder erkennen

Findus hat ganz viele **Würfel** gesammelt und möchte sie sortieren.
Male bunt aus:

Findest du die versteckten **Zahlen** von 1 bis 10? Male sie an.

LERNZIEL
→ Suchen und Zählen

LERNZIEL

→ Menge und Zahl: 1

Findus lernt die Zahlen und startet mit der **1**. Schreibe mit ihm in die große 1 ganz viele kleine Einsen.

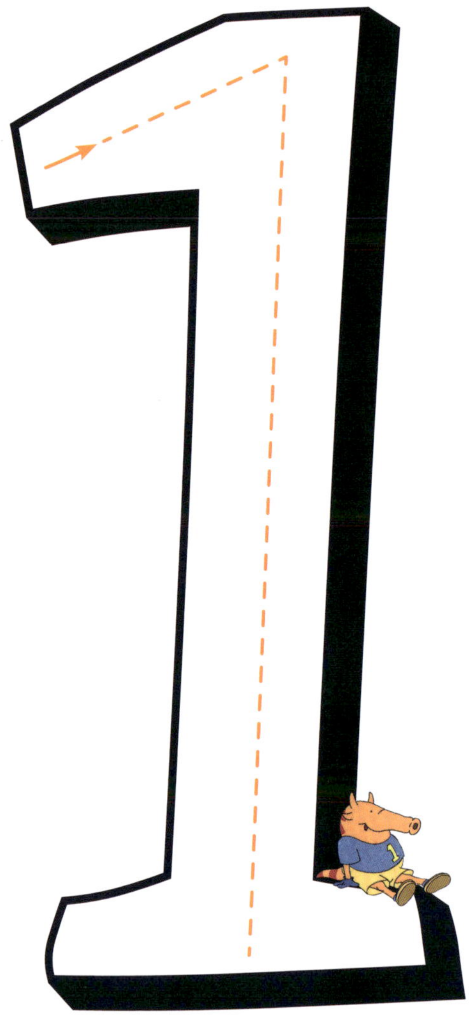

Magst du auch so gerne Eis? Kreuze die **Eistüten** an, in denen nur eine Kugel ist.

Welchen **Muckla** gibt es nur einmal im Bild? Kreise ihn ein.

Findus übt die Zahl **2**. Schreibe in die große 2 mit verschiedenen Buntstiften viele Zweien, bis sie schön bunt ist.

LERNZIELE

- → Menge und Zahl: 2
- → Mengen erfassen

Pettersson hat im Wald viele **Pilze** gefunden!
Kreise immer zwei Pilze ein, die nebeneinanderstehen.

LERNZIELE

- Längs- und Querstriche
- Schreibschwünge
- Schreibrichtung

Findus' Bild ist noch nicht ganz fertig – malst du es zu Ende? Ziehe dafür die **gepunkteten Linien** von oben nach unten und von links nach rechts nach.

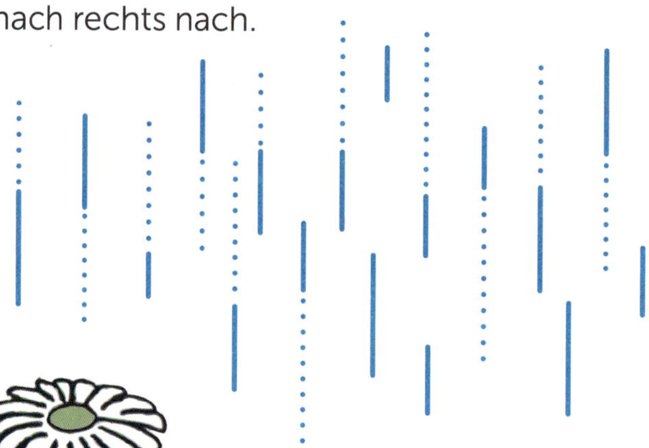

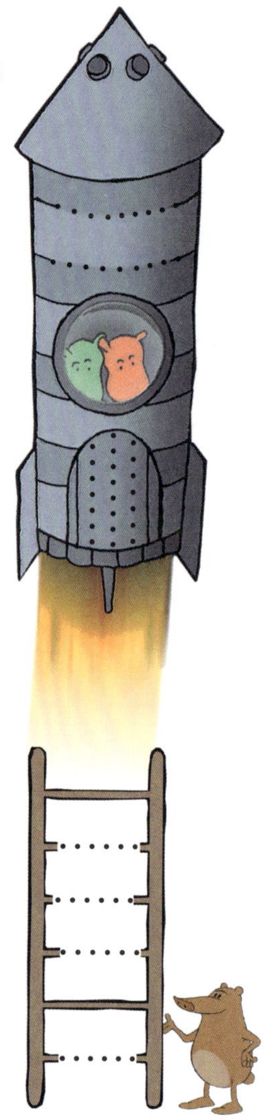

Ziehe die Linien in den **Buchstaben** mit Stiften nach, bis sie so bunt sind wie der Regenbogen.

LERNZIEL
→ Konzentration und genaues Hinsehen

Findus pustet gleich zweimal die Kerzen auf seiner Geburtstagstorte aus. Aber sind die beiden Bilder wirklich gleich? Finde die sechs **Fehler** und kreise sie ein.

Pettersson angelt. Zeichne die **Schnur** seiner Angel nach. Wo hat ein Fisch angebissen?

LERNZIELE

- Schrägstriche und Zickzacklinien
- Muster

Findus springt und tobt durch das ganze Haus. Zeichne mit einem Stift nach, wie er **hüpft**.

Frau Andersson strickt für den alten Pettersson zwei Pullover mit verschiedenen Mustern. Hilfst du ihr? Ziehe die **Zickzacklinien** nach.

LERNZIEL
→ Oben und unten

Da haben sich ein paar freche Mucklas in Peterssons Schlafzimmer geschlichen. Male die Mucklas, die **oben** auf etwas drauf sind, blau an, und die Mucklas, die **unten** auf dem Boden oder unter etwas sind, rot.

Findus muss ganz genau hinsehen: Er sucht alle **n** in dem Bild. Hilfst du ihm dabei? Kreise alle n ein. Ein kleiner Tipp: Das n ist unten offen, das u oben.

n	n	u	n	u	n			
n	u	u	n	n	u			
u	n	n	u	u	n			
u	n	u	u	n	u	u	n	u
n	u	u	n	u	n	u	n	n

LERNZIEL

→ Silben klatschen und gehen

Sage die Dinge, die du hier siehst, laut und langsam und klatsche dabei im Takt. Wie viele **Silben** haben die Wörter? Verbinde die Sachen mit der richtigen Silbenzahl.

Wie viele Silben haben diese Wörter? Mache für jede Silbe einen Schritt und male die **Schritte** oder Striche dafür auf.

1 ____________ 2 ____________ 3 ____________ 4 ____________

5 ____________ 6 ____________ 7 ____________ 8 ____________

LERNZIELE

- Farbmuster fortsetzen
- Unterschiede erkennen

Findus denkt sich **Muster** für eine neue Hose aus. Wie gehen die Muster weiter? Male die Kästchen mit den richtigen Farben aus.

In jeder Reihe gleicht nur ein Bild dem ersten. Kannst du die genau **gleichen** Bilder verbinden?

LERNZIEL

→ Menge und Zahl: 3

Schreibe in die große **3** eine kleinere 3.
Und dann noch eine.
Und noch eine.
Wie viele kleinere Dreien passen in die große hinein?

Schreibe die Anzahl der gezeigten Dinge in die kleinen Kästchen.

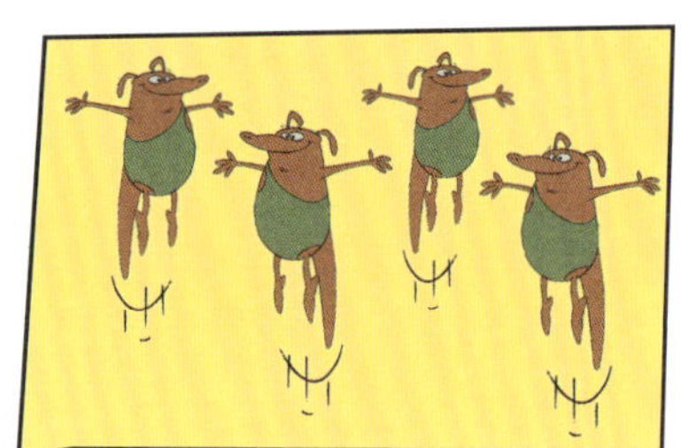

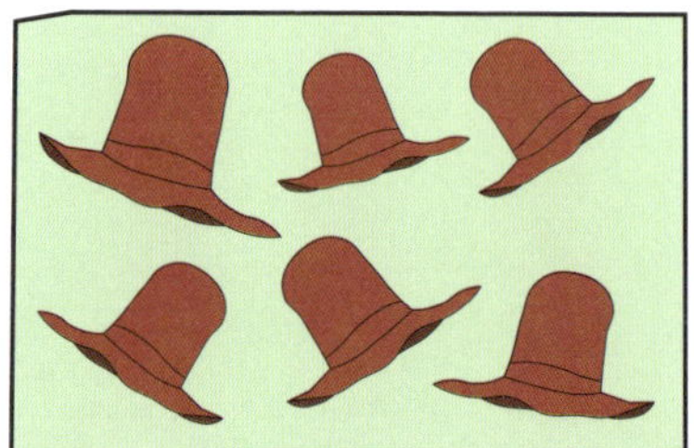

LERNZIEL
→ Menge und Zahl: 4

Findus lernt die **4**. Schreibst du mit ihm in die große 4 eine kleine 4 hinein? Achte dabei darauf, die Striche in der richtigen Reihenfolge zu machen. Dann schreibe noch mehr bunte Vieren in die große 4.

Wie viele Sterne siehst du? Kreise die richtige **Zahl** ein und schreibe sie mit Buntstiften einige Male in die freien Kästchen.

3 5
4

Bei den Mucklas hat sich **viermal** Sara Tustra versteckt. Finde sie und kreise sie ein.

LERNZIEL

→ Konzentration und genaues Hinsehen

Gustavsson möchte Pettersson und Findus besuchen.
Hilf seinem Hund, den **richtigen Weg** zu erschnüffeln.

Die Mucklas machen Quatsch. Verbinde die passenden **Hälften** miteinander.
Male die Hälften der Mucklas an.

Oje, Petterssons Geschirr ist kaputtgegangen. Reparierst du es? Zeichne die fehlenden **Henkel** an die Tassen und Kannen.

LERNZIEL
→ Schwungübungen

Die Fische haben ihre **Schuppen** verloren. Zeichnest du sie ihnen wieder ein?

Pettersson schmückt für Findus' Geburtstag das Haus. Hilf ihm und zeichne die Luftschlagen nach.

LERNZIELE
- Menge und Zahl: 5
- Die 5 zerlegen

Findus lernt die **5**!
Schreibe in die große Zahl eine kleine 5.

Der alte Pettersson hat **Picknickkörbe** gepackt. In welchem Korb sind 5 verschiedene Leckereien? Kreise ihn ein.

Mit einem großen Korb sammeln Pettersson und Findus **Himbeeren** im Garten ein. Dann sortieren sie die Himbeeren: Immer fünf Stück auf einen Haufen, aber sie sind alle unterschiedlich verteilt. Schreibe auf das Schild, wie viele Himbeeren du auf der rechten und auf der linken Seite siehst.

Nimm sechs verschiedene Farben und male die große **6** nach.

LERNZIEL
→ Menge und Zahl: 6

Es wimmelt auf Peterssons Hof. Schreibe die richtige **Anzahl** in die Kästchen.

LERNZIEL
→ Formen

Kennst du diese **Formen**? Zeichne sie nach und male sie mit bunten Stiften aus.

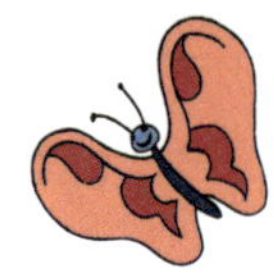

In jeder Spalte, in jeder Reihe und in jedem Viererblock darf jede Form nur **einmal** vorkommen. Zeichne die richtigen Formen in die freien Felder.

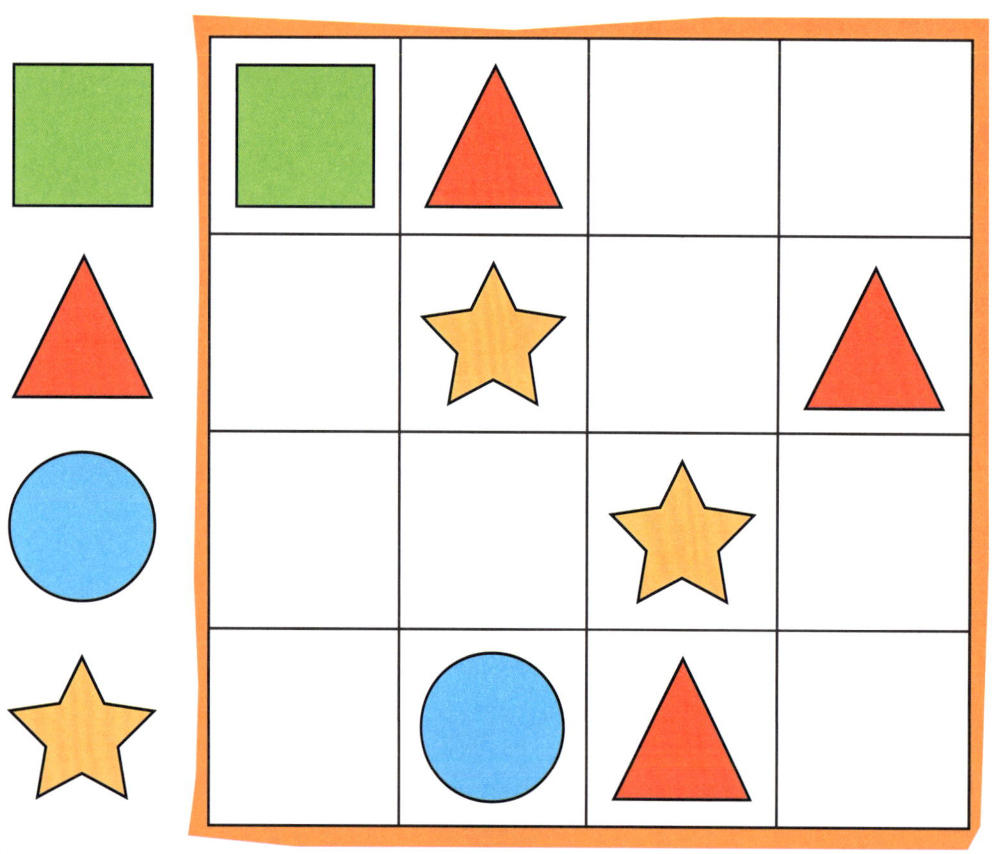

Male die **Formen** in diesen Farben aus:

LERNZIEL

→ Links und rechts

Petterssons Hühner und der Hahn tummeln sich auf der Wiese. Wie viele von ihnen schauen nach **links** und wie viele nach **rechts**? Schreibe die Zahlen in die Kästchen.

☐ links ←   → rechts ☐

Pettersson und Findus sitzen beim Abendessen. Schau dir das Bild **genau** an. Findest du die Dinge von unten wieder? Kreise sie in dem großen Bild ein.

LERNZIEL
→ Konzentration und genaues Hinsehen

LERNZIEL

→ Gleich viel, weniger oder mehr

Schreibe unter jedes Bild, wie viele Dinge darauf sind. Kreise dann das Bild ein, auf dem **mehr** Figuren zu sehen sind.

Findus hat Äpfel gesammelt. **Zähle** nach, wie viele er auf jedes Tuch gelegt hat, und verbinde sie mit der passenden Zahl.

LERNZIEL
→ Erste Buchstaben

Petterssons Tischdecke wurde zu heiß gewaschen und ist nun ganz ausgebleicht. Zeichne die **Muster** mit Buntstiften wieder nach.

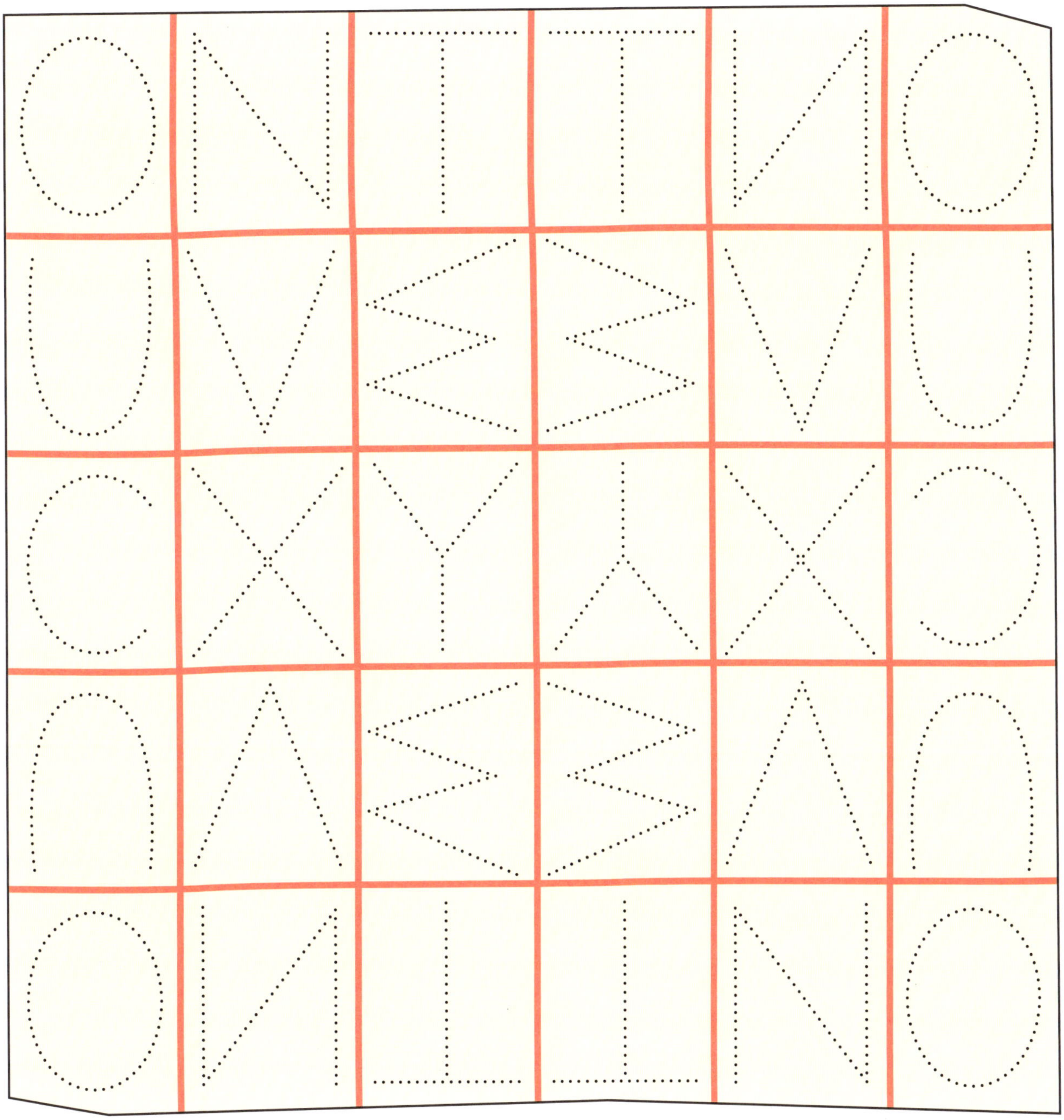

Welche **Buchstaben** haben sich im Muster von Petterssons Tischdecke versteckt? Schreibe sie hier auf.

LERNZIEL
→ Menge und Zahl: 7

Findus schreibt eine **7**. Du auch? Am besten mehrere kleine und bunte Siebenen in die große 7.

Welche dieser Dinge passen zu der **Zahl 7**? Kreise sie ein.

Findus hat mit zwei Würfeln gleichzeitig gewürfelt. Welche **Würfelaugen** ergeben zusammen sieben? Zähle nach und kreise ein.

Das ist eine große **8**. Schreibe kleine und bunte Achten in die 8.

LERNZIEL
→ Menge und Zahl: 8

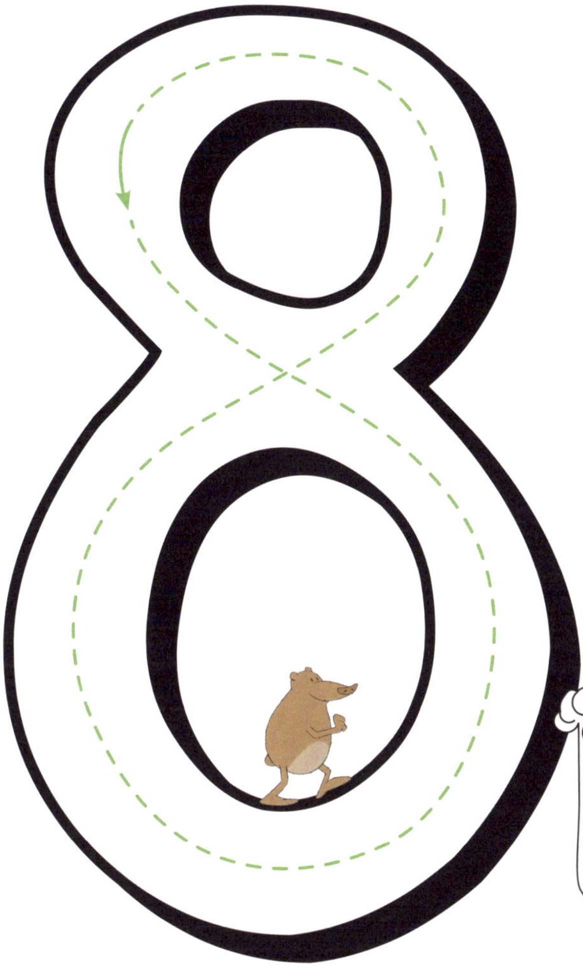

In einem der beiden Bilder haben sich **acht Fehler** eingeschlichen.
Kreise die Fehler ein und zähle nach, ob du alle acht gefunden hast.

LERNZIEL

→ Die Buchstaben

Hier siehst du alle Buchstaben des Alphabets.
Welche **Buchstaben** kommen in deinem Namen vor?
Kreise sie ein und schreibe deinen Namen auf.

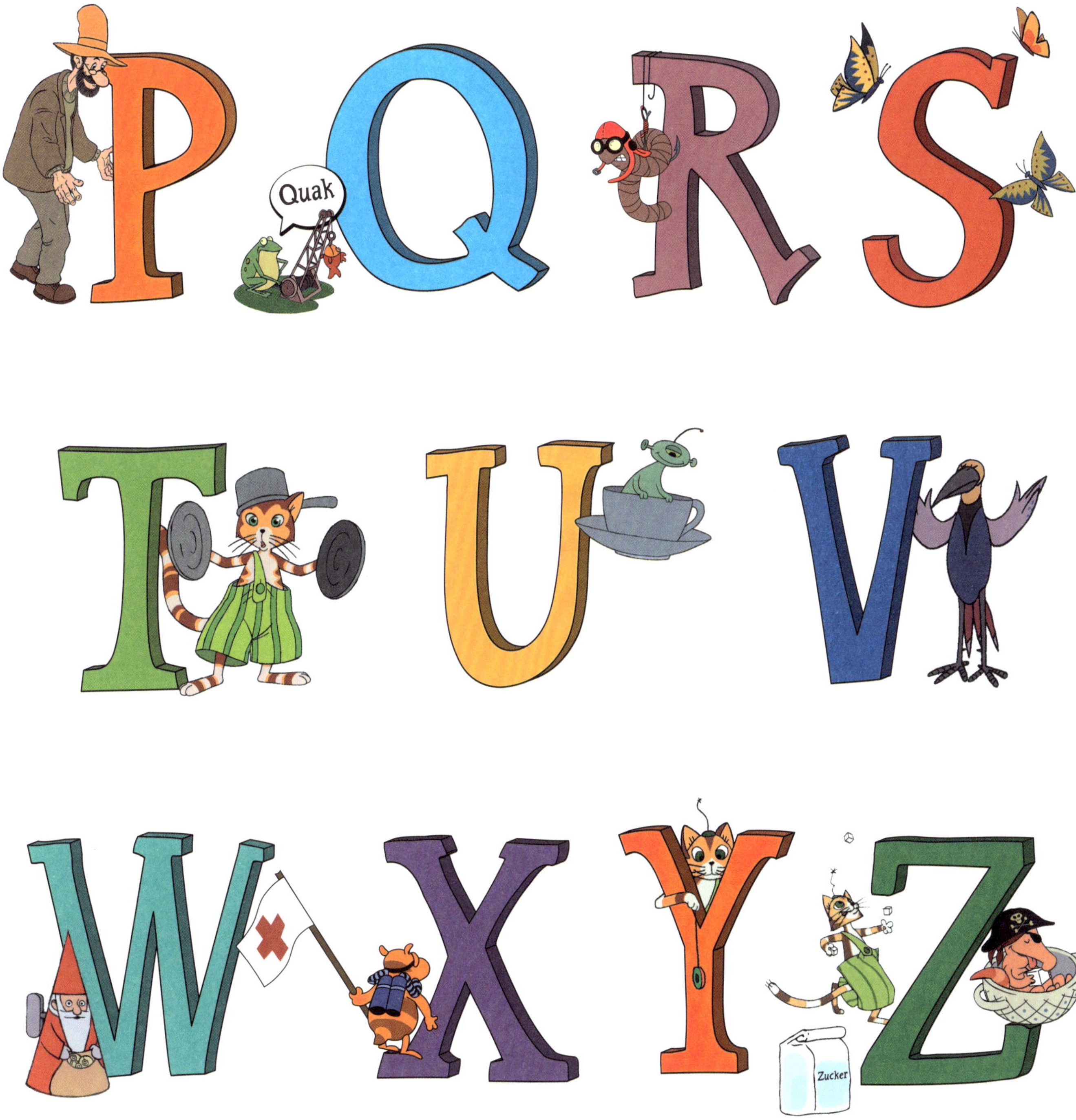

PETTERSSON FINDUS

Ich heiße:

LERNZIEL
→ Reimwörter finden

»Hopp, hopp, hopp, Findus, lauf Galopp!« Das reimt sich! Sprich laut aus, was du auf den Bildern siehst, und höre genau hin. Suche zu jedem Wort ein **Reimwort** und verbinde die passenden Bilder so wie bei dem Beispiel »Tatze – Katze«.

Tatze

Katze

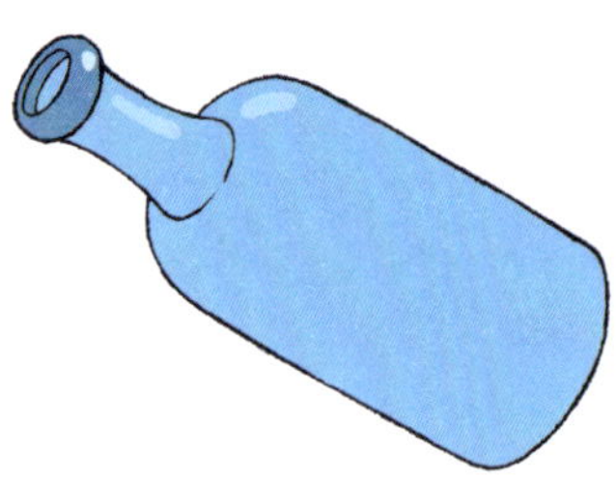

Singe dieses lustige Lied. Dann kreise in jeder **Strophe** den Buchstaben ein, der immer wieder vorkommt. Fällt dir etwas auf?

Draa Chanasan mat dam Kantrabass
saßan aaf dar Straßa and arzahltan sach was.
Da kam daa Palazaa: »Ja was ast dann das?«
Draa Chanasan mat dam Kantrabass.

Dree Chenesen met dem Kentrebess
seßen eef der Streße end erzehlten sech wes.
De kem dee Pelezee: »Je wes est denn des?«
Dree Chenesen met dem Kentrebess.

Drii Chinisin mit dim Kintribiss
sißin iif dir Strißi ind irzihltin sich wis.
Di kim dii Pilizii: »Ji wis ist dinn dis?«
Drii Chinisin mit dim Kintribiss.

Droo Chonoson mot dom Kontroboss
soßon oof dor Stroßo ond orzohlton soch wos.
Do kom doo Polozoo: »Jo wos ost donn dos?«
Droo Chonoson mot dom Kontroboss.

Druu Chunusun mut dum Kuntrubuss
sußun uuf dur Strußu und urzuhltun such wus.
Du kum duu Puluzuu: »Ju wus ust dunn dus?«
Druu Chunusun mut dum Kuntrubuss.

LERNZIELE

- Konzentration und genaues Hinsehen
- Spiegelbild ergänzen

Hier ist auf der Hälfte die **Farbe** ausgegangen. Male die Bilder fertig.

Die Mucklas haben die **Hälfte** der Buchstaben geklaut! Schreibe die Buchstaben fertig. Fällt dir etwas auf?

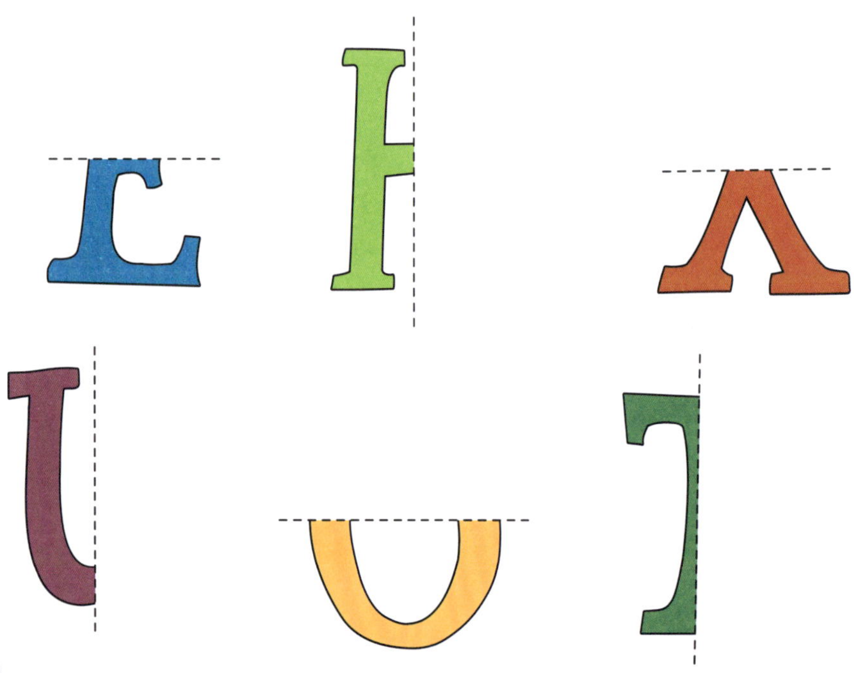

Was hat Pettersson an der Angel? Und was schwimmt noch im See?
Verbinde die **Punkte** und finde es heraus.

LERNZIEL
→ Zählen von 1 bis 33

LERNZIEL

→ Menge und Zahl: 9

Findus lernt die **9**. Male in die große 9 eine kleine 9. Und dann noch eine. Schau mal, wie viele Neunen hineinpassen.

Suche die Zahl 9 und umrande die **Kästchen**, in denen sie vorkommt. Wie oft findest du sie? ▢ **9**

2	7	4	6	2	8	1	3	9	4	5	8	3
5	3	2	6	8	4	6	5	1	3	9	7	4
6	4	5	2	9	3	1	7	4	8	6	3	8
3	2	5	1	4	7	3	6	8	9	4	5	2
4	9	7	6	3	8	1	2	5	1	3	9	4
1	5	9	3	2	9	3	6	7	4	2	1	8
8	1	6	4	5	3	2	7	4	5	6	3	9

Du hast mit Findus alle Zahlen von 1 bis 10 gelernt! Zeichne in die dicke **10** viele bunte, kleine Zehnen hinein.

Male Gustavsson, seinen Hund und das Pferd mit den Zahlen von **1 bis 10** aus.

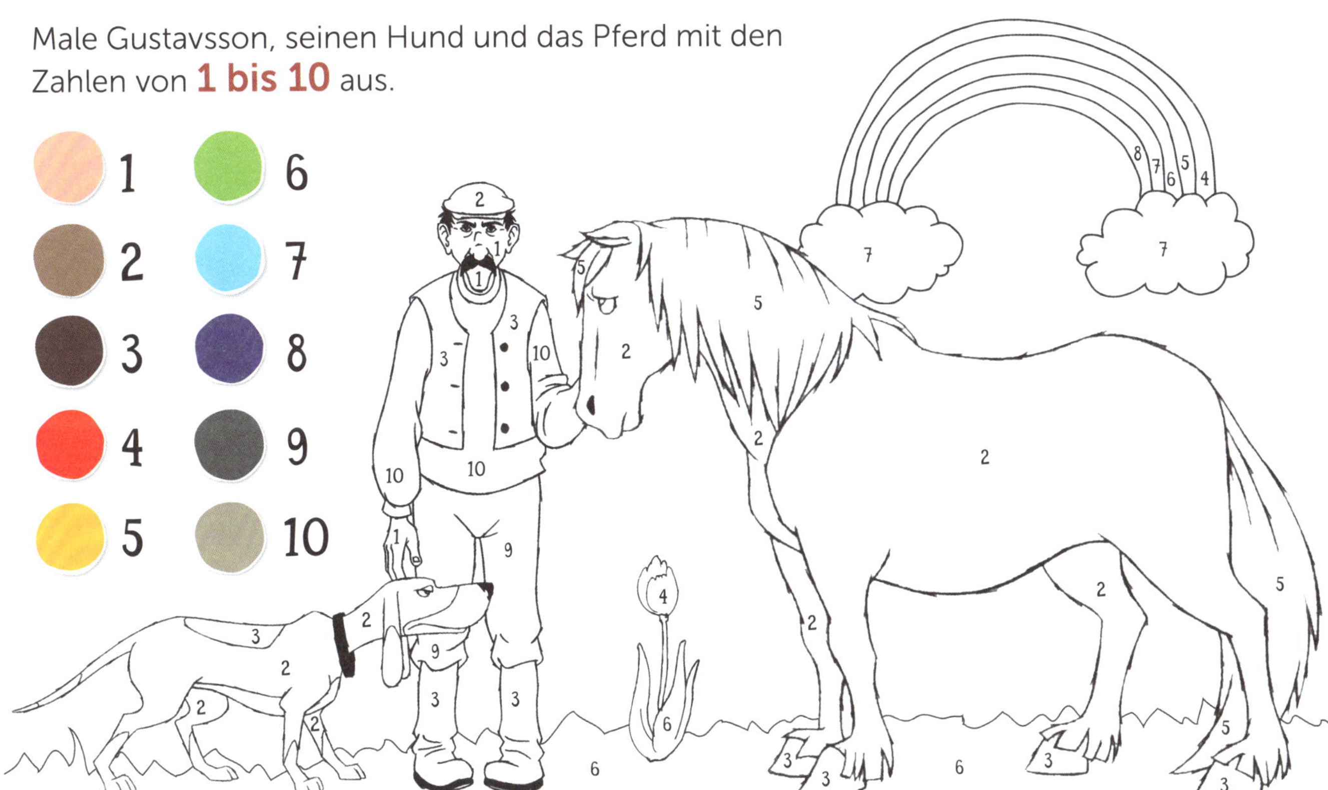

LERNZIEL
→ Alle Buchstaben des Alphabets

Findus hat mit Petterssons Hilfe alle **Buchstaben** des Alphabets aufgeschrieben. Kannst du sie auch schon schreiben?

A B C FINDUS

A A A

A A A

B B B

B B B

C C C

C C C

D D D

D D D

E E E

E E E

F F

F F

G G

G G

H H

H H

I I

I I

J J

J J

K K

K K

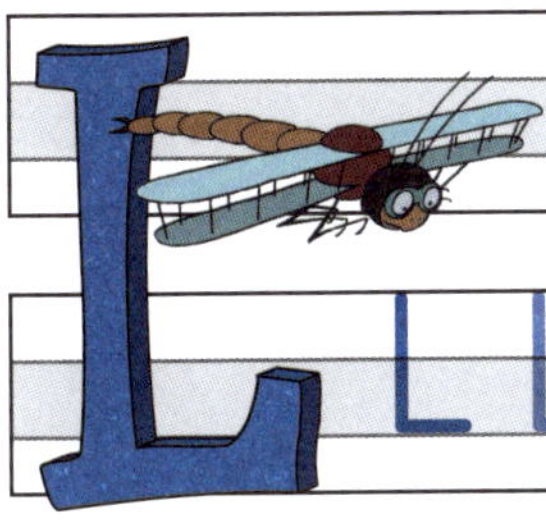

L L

L L

M M M

M M M

N N N

N N N

O O O

O O O

P P P

P P P

Q Q Q

Q Q Q

R R R

R R R

S S S

S S S

T T T

T T T

U U U

U U U

V V V

V V V

W W W

W W W

X X X

X X X

Y Y Y

Y Y Y

Z Z Z

Z Z Z

LERNZIEL

→ Alle Zahlen von 1 bis 10

Du siehst hier alle **Zahlen** von 1 bis 10 und kannst noch einmal üben, sie zu schreiben.

5 5 5

5 5 5

6 6 6

6 6 6

7 7 7

7 7 7

8 8 8

8 8 8

9 9 9

9 9 9

10 10 10

10

Lösungen

Seite 4

Es sind 3 Hühner, 1 Kater, 5 Schmetterlinge, 2 Kühe, 6 Küken und 4 Mucklas.

Seite 5

Im oberen Bild sind mehr Birnen, im unteren Bild sind mehr Libellen, im unteren Bild sind mehr Saras und im unteren Bild sind mehr Fische.

Seite 8

Seite 9

Seite 10

In den Eistüten 2, 5 und 7 ist jeweils nur 1 Eiskugel.

Seite 11

Seite 13

Seite 15

Seite 16

Übung 1

1 Silbe: Pilz, Stern, Pferd, Fisch, Horn

2 Silben: Va-se, Vo-gel, Fern-glas, Bie-ne

3 Silben: Weih-nachts-mann, Re-gen-schirm, Erd-bee-ren, Schnee-glöck-chen

Übung 2

1. Fin-dus = 2 Silben
2. Huhn = 1 Silbe
3. Blu-me = 2 Silben
4. Pet-ter-sson = 3 Silben
5. Schmet-ter-lin-ge = 4 Silben
6. Vo-gel-scheu-che = 4 Silben
7. Hund = 1 Silbe
8. E-le-fant = 3 Silben

Seite 17

Findus Nr. 2 gleicht dem ersten.
Huhn Nr. 3 gleicht dem ersten.

Seite 18

Es sind 3 Äpfel, 5 Fische, 4 Mucklas, 7 Schmetterlinge, 6 Hüte und 8 Zahnräder

Seite 19

Es sind 4 Sterne.

Seite 20

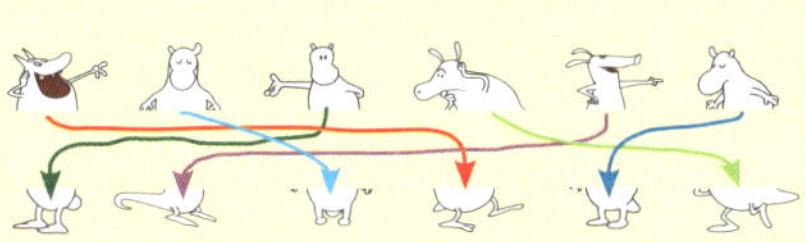

Seite 22

Im mittleren Korb sind 5 verschiedene Leckereien.

Seite 23

Im Bild sind 2 Pferde, 6 Schmetterlinge, 3 Hühner, 5 Blumen, 4 Bienen und 6 Mucklas.

Seite 24

Seite 25

Seite 26

6 Hühner (inklusive des Hahns) schauen nach rechts, 4 Hühner schauen nach links.

Seite 27

Seite 28

Findus hat auf jedes Tuch 5 Äpfel gelegt.

Seite 29

Die Buchstaben C, N, O, T, U, V, X, Y sowie M und W (wenn du das Heft drehst) haben sich im Muster von Petterssons Tischdecke versteckt.

Seite 30

Seite 31

Seite 34

Es reimen sich »Pferd – Herd«, »Flasche – Tasche«, »Topf – Knopf«, »Kran – Hahn«, »Tisch – Fisch« und »Kanne – Pfanne«.

Seite 35

In jeder Strophe kommen besonders häufig a, e, i, o und u vor. Es sind alles Vokale, also Selbstlaute.

Seite 36

Wenn du einen Spiegel an die gestrichelte Linie bei den Buchstaben E, H, X, U, O und T hältst, siehst du im Spiegel die Buchstaben vollständig. Die Buchstaben sind also symmetrisch.

Seite 37

Seite 38

Die 9 kommt neunmal in den Kästchen vor.

2	7	4	6	2	8	1	3	9	4	5	8	3
5	3	2	6	8	4	6	5	1	3	9	7	4
6	4	5	2	9	3	1	7	4	8	6	3	8
3	2	5	1	4	7	3	6	8	9	4	5	2
4	9	7	6	3	8	1	2	5	1	3	9	4
1	5	9	3	2	9	3	6	7	4	2	1	8
8	1	6	4	5	3	2	7	4	5	6	3	9

Seite 39

Bildquellen

Illustrationen:
© 2023 Edel Music & Entertainment GmbH, Happy Life Animation AB, A. Film A/S, All rights reserved. Lizenz durch Edel Music & Entertainment GmbH
www.edel.com

Fotos:

Shutterstock:
Seite 12 (Regenbogen): © Betelgejze, Seite 14 (Pullover): © AllNikArt, Seite 16 (Handzeichen): © robuart, Seite 22: (Himbeeren): © Epine, Seite 30 (Marienkäfer): © Denis Tabler, Seite 30 (Zahl 7): © ZoranKrstic, Seite 30 (Geburtstagstorte): © Ruth Black, Seite 30 (Kleeblatt): © Kerdkanno, Seite 30 (Buntstifte): © vladz2009, Seite 30 (Mädchen sieben Finger): © Aaron Amat, Seite 39 (Regenbogen): © oksanka007

Pixabay: Seite 30 (Seestern): © Pexels
Antje Warnecke und Oliver Niekrenz: Seite 30 (Würfel)

Impressum

KARIBU – Ein Verlag der Edel Verlagsgruppe

6. Auflage 2025

Neumühlen 17, 22763 Hamburg

Layout und Umschlaggestaltung:
Antje Warnecke, nordendesign.de
Idee, Text und Lektorat: Steffi Korda, Büro für Kinder- & Jugendliteratur, Hamburg
Druck: optimal media GmbH, Röbel
Printed in Germany
ISBN: 978-3-96129-103-8
www.karibubuecher.de

Redaktionsanschrift:
Edel Verlagsgruppe GmbH
Kaiserstraße 14b, 80801 München
www.edelverlagsgruppe.de/kontakt
www.karibubuecher.de/kontakt